AF338338

RÉPUBLIQUE UNIVERSELLE

ET

ABSOLUE

PAR

V. MICHAL

PARIS

IMPRIMERIE DE GEORGES KUGELMANN

13, rue du Helder, 13.

1871

RÉPUBLIQUE UNIVERSELLE

ET ABSOLUE

PRÉFACE

—

J'ai entendu bien des fois des hommes sérieux, dire, avec la gravité qui sied à leur caractère : Pour faire des républiques, il faut des républicains, pour faire des républicains, il faut instruire les masses.

D'où on aurait le droit de conclure qu'il n'y a que des ignorants qui ne soient pas républicains, d'abord ; puis, que tous les républicains sont des hommes instruits.

C'est flatteur pour les r'publicains, sans doute, mais ce n'est pas vrai.

La République vit par elle-même, et il n'y a qu'elle qui sache faire des hommes vraiment instruits. L'homme naît républicain.

Les monarchies ne donneront jamais au peuple une instruction qui permette de les discuter, leur intérêt s'y oppose.

Lorsqu'elles tombent, c'est sous l'excès des maux dont elles sont les causes fatales ; et les mouvements qui les renversent, quand elles ne tombent pas d'elles-mêmes, ne trouveront jamais les masses moins ignorantes dans un moment que dans un autre.

Mais ce qu'on appelle la politique est la chose du monde la plus simple, heureusement !

Ceux qui en vivent, la compliquent pour faire

croire qu'ils servent à quelque chose. C'est de la poudre jetée aux yeux des naïfs par les pêcheurs en eau trouble. Voilà tout.

Le système que je propose est vrai, à la façon des dires de ce bon M. de la Palisse qui, mourant de maladie (tout le monde le sait),

> Un quart d'heure avant sa mort
> Etait encore en vie.

La nation qui l'appliquerait à la lettre verrait bientôt qu'il est plus nécessaire d'être républicain pour s'instruire, que d'être instruit pour être républicain.

Il serait temps, à mon avis du moins, qu'on en arrivât enfin à prendre un peu les hommes et les choses pour ce qu'ils sont et pour ce qu'ils valent.

Ils sont moins mauvais qu'on le croit généralement. Il ne s'agit que de savoir s'en servir.

C'est ce dont ma république s'acquitte à merveille ! Personne ne prouvera le contraire.

D.

RÉPUBLIQUE UNIVERSELLE

ET ABSOLUE

PROJET DE CONSTITUTION

Il est de l'avis de tout le monde que le suffrage universel est l'expression la plus équitable de la volonté du peuple, chacun ayant le droit et le devoir de prendre part aux affaires de la Nation dans la limite de ses aptitudes et de ses forces; le gouvernement de la République est basé sur le suffrage universel.

Mais le suffrage universel, tel qu'il est organisé, présente des lacunes regrettables; ainsi, en nommant pour un temps déterminé les hommes à qui il confie la direction de la chose publique, il aliène lui-même son droit de contrôler les actes de ses mandataires pendant tout ce temps.

D'autre part, il est peu pratique de donner à la masse des électeurs le contrôle effectif, c'est-à-dire le droit de blâmer et même de révoquer les mandataires, s'il y a lieu.

En outre, l'exercice permanent de ce droit de la masse peut être une cause d'agitations nuisibles à la tranquillité générale. Il a donc été décidé que le suffrage universel serait à deux degrés, c'est-à-dire que les électeurs nommeraient parmi eux des délégués à qui serait confié le choix et la nomination des représentants de la Nation aux assemblées législatives. Ces délégués seraient en fait réel et légalement des électeurs du deuxième degré.

Ils sont révocables perpétuellement par les électeurs du premier degré, dans les formes que nous indiquerons tout à l'heure.

L'exercice des droits électoraux confié ainsi à un nombre restreint d'hommes choisis par le peuple, comme représentants de sa volonté, et plus capables que lui-même d'apprécier et de contrôler les actes du gouvernement, devient une garantie efficace et permanente de ces actes eux-mêmes, sans que la masse soit obligée de prendre part à ce travail de tous les jours.

Il nous semble qu'un électeur secondaire pour cent électeurs primaires serait suffisant. Alors, suivant leur nombre, les électeurs inscrits se constitueraient en sections de cent, sauf à réunir dix sections, au plus, afin d'éviter les listes trop nombreuses.

On voterait par scrutin de listes.

Ici vient se placer naturellement une objection qui, du reste, s'adresse à tous les systèmes d'élections possibles.

Les minorités ne sont pas représentées, et c'est une injustice.

Dans le nouveau mode de fonctionnement du suffrage universel adopté, le suffrage pourra être *accumulé* à la volonté de chacun.

Voici en quoi consiste le suffrage accumulé.

Soit une série de mille électeurs, ayant dix candidats à nommer, chaque électeur a dix voix à sa disposition; le nombre de voix nécessaire à la nomination est de 501.

Supposons une majorité de 700 électeurs et une minorité de 300. La majorité donne 700 voix à sa liste de dix noms; mais la minorité peut donner 1500 voix à deux candidats à elle, qui, par conséquent, seront nommés en première ligne.

La majorité aura huit candidats nommés, mais la minorité, du moins, sera représentée.

Les élections primaires ont lieu par communes; par quartiers et sections, quand il s'agit des villes.

Pour fonctionner intégralement, les comices primaires doivent pouvoir voter tous les dimanches. Chacun des électeurs a le droit de révoquer un ou plusieurs des électeurs qu'il a nommés et de les remplacer par qui bon lui semble dans sa section. Je dis révoquer et remplacer, par son vote personnel; là se borne évidemment le droit de chacun. Seulement, il faut que les deux opérations soient simultanées.

Chaque rouage de la grande machine est indispensable, l'homme peut changer, la chose doit être immuable. A cet effet, l'électeur se fait délivrer en même temps sa carte d'électeur et deux bulletins réunis de couleurs différentes, timbrés de la mairie. Sur ces bulletins, l'électeur écrira ou fera écrire le nom du candidat qu'il propose, et le nom de celui qu'il révoque.

Tout bulletin isolé, ou non timbré de la mairie, est considéré nul.

La majorité relative des voix suffit pour la

mutation. Le dépouillement du scrutin se fait toutes les fois que la moitié plus un des électeurs a pris part au vote, ce qu'on sait par le nombre de cartes distribuées.

Le dépouillement fait date pour une distribution nouvelle de cartes.

Les électeurs du deuxième degré nomment les députés au Corps législatif.

L'élection se fait au chef-lieu de département ou d'arrondissement, suivant les distances à parcourir, toutes les semaines, le jour du marché principal de la ville, par scrutin de liste des candidats du département.

Les électeurs secondaires peuvent révoquer les députés et doivent en nommer d'autres, en remplacement; la simultanéité est plus importante encore que pour le degré inférieur. Seulement, il faudra peut-être la majorité absolue du nombre des électeurs secondaires, pour déterminer une mutation.

Le système de suffrage accumulé est applicable à la nomination première des députés au Corps législatif, comme il doit l'être, du reste, toutes les fois qu'il y a un scrutin de liste.

Le Corps législatif une fois constitué, se divise la besogne administrative.

Il choisit dans son sein et nomme à l'élection une commission exécutive, en nombre déterminé.

Cette commission est toujours révocable par un vote, elle doit être remplacée simultanément comme pour les degrés inférieurs.

La commission exécutive se donne un président révocable par elle, toujours, et remplacé par le même vote.

Le scrutin, pour la nomination du **président** de la commission exécutive n'est pas secret.

CONSIDÉRATIONS GÉNÉRALES

Cette organisation de gouvernement se recommande par une foule d'avantages précieux.

D'abord, elle renferme tout ce que les autres formes ont de bon, et rejette tout ce qu'elles peuvent avoir de vicieux ou d'incomplet.

Elle a été proposée en principe à plusieurs reprises, soit pendant la première Révolution, soit depuis ; mais les divers projets présentaient des lacunes.

Ainsi, celui de Sieyès, par exemple, était basé sur le suffrage restreint. Pour être électeur primaire, il fallait payer un cens, et pour être électeur secondaire, il fallait en payer un plus élevé.

Les électeurs étaient révocables, mais les députés étaient nommés pour un temps, etc., etc., etc.

Dans le nôtre, le mécanisme est identique à lui-même dans toute la série.

Il réduit l'agitation des masses à leur plus simple expression. Il divise à l'nifini les groupes, en leur donnant des intérêts opposés et rivaux au point de départ, mais concourant néanmoins au même but unique.

Diviser pour régner est une maxime gouvernementale élémentaire. Appliquée par un mo-

narque à son profit particulier, elle est dangereuse pour la nation ; mais sous la République,
elle est une garantie radicale de durée et de paix.

La République se divisant elle-même est le
prototype du gouvernement absolu.

Tout ce qui dans la monarchie offre des dan-
gers pour la nation, tourne au profit de cette
dernière sous la République.

Les personnalités, les ambitions et leur antagonisme, causes de troubles et de déceptions
continuelles sous la monarchie, sont des élé-
ments de force pour la République, sans aucun
inconvénient pour la paix générale, à cause
même de l'opposition intéressée des uns aux
autres, et de leur contrôle réciproque. Chacun
pouvant légitimement espérer d'arriver à la si-
tuation qu'il ambitionne, tâchera de s'en rendre
digne, d'abord ; ensuite, de prouver à ses pairs
et rivaux qu'il l'est.

Le jury compétent est l'expression la plus
complète de la justice humaine.

Par notre système, il devient la base du fonctionnement gouvernemental.

La manœuvre égoïste qui consiste à choisir
parmi les candidats à une position élevée, celle
de ministre par exemple, le moins capable de
tous, devient absurde dans notre système, par
la simple raison que le moins capable l'est encore bien suffisamment dans un état de choses
qui marche tout seul, et où la fonction existe
indépendamment de la personne qui la remplit.
D'ailleurs, un choix mauvais fait du tort dans
l'opinion publique à ceux qui ont choisi.

On choisira bien, d'abord : puis, on contrôlera de près les actes de celui dont on pourrait occuper la place à coup sûr.

Il n'y a rien de nouveau sous le soleil ; le système d'élection à plusieurs degrés fonctionne de toute éternité en Cochinchine.

Il rend toute conquête impossible.

Les gouverneurs de provinces nommés à trois, quatre, cinq degrés, et toujours révocables, sont changés sitôt que c'est nécessaire.

Les négociateurs étrangers achètent ces fonctionnaires, se font un parti, et, au moment de profiter de l'influence acquise, se trouvent tout à coup en présence de visages nouveaux qu'il faut acheter aussi, et ainsi de suite.

Quant aux fonctionnaires infidèles, ils viennent apporter au trésor public le prix de leur trahison, sur lequel on leur laisse une commission convenable. Chaque gouverneur de province est surveillé par cinq ou six candidats à son poste. Cela suffit très bien.

Ces sauvages sont malins comme des singes il faut en convenir.

Le fait m'a été affirmé par un officier de marine très versé dans les choses politiques des nations avec lesquelles nous sommes en rapports de commerce ou de guerre.

Cet officier nous disait que la France faisait de vains efforts pour renverser cet état de choses contre lequel rien ne peut prévaloir, ni douceur ni violence. C'est une éternelle fin de non recevoir, où les hommes ne sont rien, où les choses sont tout.

L'exemple est tout plein d'enseignements.

Depuis que la France a conquis le suffrage universel, on a recours à une sorte de suffrage à deux degrés, au moyen des assemblées publiques, des délégations, etc.

C'est rudimentaire. Les délégués n'ont aucun mandat légal ; les centres eux-mêmes, dont ils procèdent, n'offrent aucune sanction et aucune garantie.

Ce qui les juge d'un mot, ces que c'est délégués ne sont appelés qu'à étudier les questions ou les personnalités qui leur sont soumises, et qui seront ensuite votées et élues par la masse, dont ils ne représentent d'ailleurs qu'une minime fraction.

Si le délégué avait un mandat officiel et légal, ce serait une autre affaire.

L'élection facultative permanente est, en droit, d'équité parfaite ; il est inutile de prouver qu'avec la division des électeurs par sections, elle ne pouvait jamais produire de secousse violente.

En fait, nous pouvons présumer avec quelque certitude qu'il n'y aura même pas trop de mutations, et que les hommes spéciaux, ceux qui sont les piliers de la machine gouvernementale, seront conservés précieusement dans leurs fonctions.

Le mouvement infini produit la stabilité éternelle.

Pour les choses de l'humanité, la mutation possible, à volonté, est une garantie de durée, surtout quand la durée est nécessaire et qu'elle ne peut pas être dangereuse.

Nous revenons un instant sur le choix du président de la commission exécutive, lequel se trouve en fait président de la République.

En l'état actuel des choses, plusieurs graves difficultés se présentent.

Faire nommer un président par le suffrage direct est un immense danger pour la République. Chaque candidat, d'autre part, pouvant agir sur les masses, directement, est une cause éternelle et multiple d'agitation et de divisions désastreuses.

Si le président est nommé pour un temps déterminé, et qu'il ne soit pas rééligible, il est à craindre qu'il emploie ce temps et son influence à se faire rééligible.

S'il peut être réélu, à se faire réélire.

Tandis qu'il n'y a pas le moindre inconvénient à le conserver, même toujours, s'il remplit bien sa mission, du moment qu'on peut le remplacer d'une minute à l'autre, dans le cas contraire.

Si, pour l'élection du président, nous supprimons le secret du scrutin, c'est pour enlever aux membres de la commission exécutive la tentation de se donner, chacun, sa voix à lui-même, afin de parfaire la majorité nécessaire à sa nomination au poste qu'il occuperait si bien ; ce qui pourrait rendre nul le premier tour de scrutin, et ferait rire la nation toute entière.

C'est, du reste, à un éclat de rire universel qu'aboutirait forcément toute tentative d'usurpation de pouvoir ou de révolution, dans notre nouvelle République ; cela vaut mieux que les coups de fusil dans les rues, pour rien, on en conviendra sans peine.

Basé sur l'imperfection humaine, sur l'antagonisme des passions et leur neutralisation réciproque pour tout ce qu'elles peuvent avoir de subversif, le système que nous venons d'esquisser est absolu.

C'est-à-dire qu'il peut être parfait dans son application, et qu'il ne peut jamais être nuisible; avantages que ne comportent pas les autres formes gouvernementales, lesquelles sont forcément et par essence iniques, absurdes, oppressives, énervantes et fatalement révolutionnaires.

On peut objecter que le deuxième degré sera une véritable aristocratie ; c'est vrai, à un titre analogue à celui des conseils municipaux ; c'est même une justice à rendre à l'institution. Le deuxième degré n'est point incompatible, du reste, avec les fonctions municipales.

La révocation, possible toujours, rend cette aristocratie élective, sans danger pour le pays; et les hommes qui sont appelés par leurs concitoyens à les représenter au scrutin définitif, constituent un corps électoral d'un ordre supérieur, comme indépendance et instruction. Quant au président de la République, nous croyons sincèrement que les quatre épreuves par lui subies, et son instabilité perpétuelle, sont des garanties sérieuses de sa valeur réelle, d'abord, et ensuite de son innocuité absolue, laquelle doublera sa valeur réelle, c'est certain.

Un homme qui ne peut que bien faire est bien près de la perfection.

Et positivement, la perfection n'est pas si nécessaire qu'on peut le croire.

Un des immenses avantages du système, c'est qu'il n'y aura d'élections générales qu'une fois pour toutes.

Il est absolument impossible que la nation ait à remplacer tout son gouvernement d'un seul coup, en même temps.

Et cependant chacun peut user de son droit, toujours.

On dira que ce seront encore et toujours les riches et les avocats qu'on mettra au pouvoir.

Qu'y faire?

Les pauvres sont en majorité, qu'ils en profitent.

Et d'ailleurs, qu'importe? Ils peuvent même se laisser acheter. C'est tout à fait indifférent; comme en Cochinchine, ils auront même intérêt à changer de temps en temps de candidats.

Afin que ce ne soient pas toujours les mêmes qui paient.

La lutte qui s'établirait forcément entre les ambitions surexcitées par la possibilité de les satisfaire, annulerait complétement les personnalités en tant que danger, et ne laisserait subsister d'elles que ce qu'elles ont de bon pour la chose publique.

Quant aux appointements à attribuer aux députés, aux membres de la commission exécutive, au président de la République, ce serait l'assemblée elle-même qui en voterait la quotité.

Il n'y a même pas de raison pour qu'on n'accorde pas une indemnité aux électeurs secondaires dans certains cas.

Ce serait un stimulant précieux qui exciterait les électeurs à faire leur possible pour passer d'un degré à l'autre.

Tous ces détails d'application, et les autres mesures qui seraient jugées nécessaires, seraient réglés par l'assemblée constituante chargée d'élaborer ce système de gouvernement perfectible, d'autre part, à volonté et suivant les circonstances.

En principe, il n'y a rien à changer à ce qui existe, pour le suffrage universel. Tout se borne à l'ouverture d'une liste, celle du deuxième degré.

Le système d'élection à plusieurs degrés s'appliquerait à toutes les fonctions gouvernementales et administratives, à la magistrature, aux finances, etc.

Le candidat à un poste, remplissant d'ailleurs les conditions voulues, serait soumis aux suffrages des fonctionnaires du même grade et de ses concurrents au poste.

Le jury compétant étant, on ne saurait trop le répéter, le seul juge vraiment équitable.

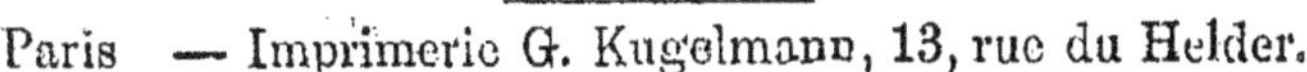

Paris — Imprimerie G. Kugelmann, 13, rue du Helder.